Silika tot Kwarts

Waar Sandkorrels Uitroep!

Gedigte uit Johanita se hart

Met dank aan my Hemelse Vader!

Skrywer: Johanita Viljoen
Voorbladontwerp en Ilustrasies: Johanita met behulp van KI

Alle regte voorbehou
Kopiereg ©Johanita Viljoen

Eerste Uitgawe 2024

Die boek is onderhewig aan skriftelike verlof vanaf die skrywer en uitgewer vir reproduksie. Dit beteken enige weergawe hetsy geskrewe, elektronies, meganies fotokopiëring, plaat- of bandopname, mikrofilm of enige stelsel met betrekking tot storing van inligting.

Ander Boeke deur skrywer:

Hartspalmpies by Waterstroompies Deel 1 Malherbe Uitgewers

https://bit.ly/Hartspalmpies1

Hartspalmpies by Waterstroompies Deel 2 Malherbe Uitgewers

https://bit.ly/Hartspalmpies-2

By die Oewer Malherbe Uitgewers

https://bit.ly/BydieOewer

Reënboog Lantern Malherbe Uitgewers

https://bit.ly/reenbooglantern

Little Heart Palms by Stream Sides

https://bit.ly/LittleHeartPalms

Silica to Quartz

https://books2read.com/u/4Al

Inhoudsopgawe

My Ruimtepak

Ek koop 'n splinternuwe ruimtepak

weg is die spaargeldjies uit my sak!

My vinger wys na die mooie maan

daarheen waarnatoe ek binnekort wil gaan!

Basta met die eentonige bestaan!

Wie wil net altyd skool toe gaan?

My pak is spierwit en baie uniek

om aan te pas by die vuurpyl se 'kick!'

Ek't nog glad nie vir Ma vertel-

bang sy gaan bekommer en haar té veel kwel.

Sy gaan dalk haar seun nie weer sien

as hy lugjare ver in die ruimte rond-wiel!

Die masjien staan reg in die ope veld

voor Oupa se ou kar, my vuurpyl se naam is Speld!

Die selfgeboude vuurpyl stewig vas-

vasgebout met goeters uit Pa se gereedskapskas.

Ek is so bly ons bly op 'n plaas

want dan sal die vuurpyl-kar nie te vreeslik raas!

Maar ongelukkig kom Ouboet op dié lansering af
en stop die kaskenade voor die petrolkan begin blaf!

My witpakkie aan, in my hand nog steeds die vuurhoutjie
-wou so graag saam met my vuurpyl die lug in tiekie!
Maar Ouboet, Pa en Ma het my behoorlik geroskam
en as ek groot is sal ek beslís ruimte toe gaan!

Nietighede

is die grootste rede

van mompel, klae,

so ontevrede!

Onnodige strydvrae

met ydel woorde,

sonder akkoorde,

slegs vals note -

omgekrap, geslote!

Fronsend, botsend

en so gaan die tyd verlore

met geen geluk beskore!

Stormjaer

Rusteloos, altyd maar baie besig,

hiernatoe, daarnatoe, - stille rus, - afwesig!

Die dag het net vier en twintig uur

baie om te doen voor die slapens-kuur!

Terwyl, oë geslote, die brein, steeds oortyd werk

aan môre se rooster, haarfyn beplan, stewig versterk!

Gou breek die dag, groot verkeer, al meer ontstuimig-

verskeie take in stormende gejaag, snel te verrig!

Die stormgang van die besige lewe, geen rus gegun,

skaars tyd om 'n broodjie te eet, - skoon uitasem!

Wat baat die geskarrel en alewige gewoel

wat is dié resies sonder einde, se eintlike doel?

Terwyl hoog, die mensgemaakte geboue, uit-spits

word steeds met hamerslae en troffels, -kits...

hoër en groter wolkekrabbers opgerig

want groot geld is op die spel, en rykdom in sig!

Die reusagtige stad se mense woel

in storm en gejaagdheid voort, sonder lewensdoel!

Deur net eenkant te staan en dop te hou,

raak mens uitgeput, verlang, na die platteland, so gou!

Elke voorkop met bekommerde lyne

geslote hekke, afgemat vol angs dié seine!

En bot en ongeskik druk iemand verby

om ook net sy deeltjie, vinnig, vandag te verkry!

Moontlik vir 'n baie kort rukkie stil te staan

maar meestal, rusteloos, stormend, om nogmaals voort te gaan!

Geen vrede, geen rus, 'n deurmekaar mensekind-

gaan jy óóit jou volmaakte tevredenheid, vind?

Mensdom-kolk

Kolkende water

...diepe afgronde

waar die duistere in lewe!

Stormende wese

in waas geklede mense-lewe

vol kommer en aardse vlek

glad nie koersvas of op die Godgegewe plek!

Plesier en vervulling in lewensgenot

jou siel tot voor die afgrond, sonder God!

vasgebind, verknoop

in kettings swaar, wat jou van vreugde stroop!

O stormende wese, deur wind aangedrewe...

keer weg van hierdie roekelose lewe

neem die Lewenskans

die Heer se Woord jou veiligste skans!

Word nuut en weergebore

daar's skoon, lewenswater beskore

vir dié wat op die Noue Pad

sonder juk, en in Sy Raad!

Vir dié het Jesus, -uitgeruk uit die mensdom-kolk!

Hý is die Weg, die Wáre Lewe!

Die volmáákte weg om na te strewe!

Stem uit die bos

'n Stem uit die bos, die stem van geweld!

'n Kindjie onskuldig klein, wat meteens verdwyn soos 'n speld!

Soektog geloods, tog niemand kan vertel

van dié seuntjie só klein se bittere hel!

Daar is 'n stem wat skree uit die onheilspelbare bos

die kindjie se liggaampie net daar gelos!

Wrede skepsels ongevoelig, geplaagd

die kleine mensie verniel en wreed, agtergelaat!

Letsels, wrede blou-kolle op die mooie kind

waar hy tussen blare lê, sal iemand hom óóit vind?

Mishandel en koud, oopgesperde ogies wat smeek

sonder enige skuld, die gesiggie uiters, doodsbleek!

Onmenslikheid van 'n deurmekaar, ongevoelige man

uitgeslaan in frustrasie, op dié arme kind, so bang!

sy stemmetjie wat onophoudelik, hoorbaar, roep

om hulp of vergelding, vir sy reine kinderbloed?

Stem wat roep

Dolle gejaag na wind!

Waarheen hardloop jy, aardse kind?

Kry jy werklik dáár volmaakte, skone, oneindige, saligheid te vind?

 O die wortel van alle kwade!

Is geld en prag werklik jou grootste bate?

Wat van die mot, die roes, - die satan laat jou siel tog só verlate!

Altyd glansend waar die gejol!

Raak die listige beker dan nooit vol?

Plesier-soekende, die verleier se poets om jou te bol!

Weinig die soekligte tot die weg van vrede!

Na Genade vry, in 'n deurmekaar skrede

Aards-vermoeide, wat van 'n hernude stand, opregte bede!

Hier staan Ek, jou Vader Heer, nie ver van jou!

Luister na My Stem wat roep, getrou?

Huil maar, praat maar, jy is veilig wanneer Ek jou vashou!

Hoor My Stem, Ek is jou Hemelse Vader,

Kom na My en Ek sal tot jou nader!

My kind Ek is besig om die oes te vergader!

My stem roep uit, vind vrede, daar is nog hoop...

Tye verander, die tekens neem 'n snelle verloop!

Weer roep Ek jou - onthou, Ek het jou duur met My bloed gekoop!

See

O donker see

duistere gevaarte!

Jy sleep alles mee

aan water-geheime is geen skaarste!

Jy rammel en raas

is omvou in digte waas.

Vreeslike golwe dreigend

seelui gesonke, kwynend!

Watermassa onheilspellend

verhale, skokkend, kwellend!

 O donker, duistere, groot, gevaarte

tog bly jy bekoorlik in menige harte.

Voor jou watermassa, vlak en wit

seesand wyd verspreid, skulpe neergesit.

Vermaak, vreeslik aanloklik, vir miljoene!

Waentjies met soete en soute rantsoene.

Golfies spierwit op die strand gebreek,

nat seesand, wat alles deurweek.

En vêr, so ver op die horison

verdwyn wolke en see in die son!

Skraal lyk 'n passasiersboot daar doer.

Daar's vissersbote wat rustig verby toer.

Geheimsinnig, vreemd, verander jy gereeld,

bekoring vir een en almal, nie 'n oomblik verveeld!

Seemeeue en Vissies

Verskeie seemeeue laag oor die see

waar witte brandertjies, met kwassies, seesand vee.

Deurskynend, skoon, helder water,

kabbelelend oor klein, oranje klippies, later.

Die ratse gevleueldes dink daar is aas!

Behendige klein swemmertjies, ken dié geraas!

Om te gryp na 'n vissie - 'n besondere kuns,

heen en weer vlieg, tel wel in die guns!

Rats buig vissies hul lyfies en duik-

eers diep in die water dan hoog in die lug, gevaar te ontwyk!

Koes en swem, koes en swem … was amper!

Gretig kom die voëls se kloutjies al nader!

Die gladde lyfies gly steeds onder die water, wild en sag

Vlieg en duik, die voël, vlieg en duik … elegant, deurdag!

Raap hy dan die arme vis op, 'n uitbundige geskater…

Pen dan weer af na die steeds geskokte water!

Saam met maatjies vlieg hul nou weer

'n kringvlug deur die hemelsfeer!

Sorgvuldig te let op hul volgende beit

waar vissies moontlik té rustig, plesierig, swem in jolyt!

Voëltjie

Voëltjie met die fyn-klank stemmetjie-snaar

ek wonder darem van waar?

Is jy toevallig maar in daardie hoë boom

en kan jy ook soos ek, lekker droom?

Stembandjie-klanke stromend soos suiwer goud

altyd maar daar buite, in somer of koud!

Stemmetjie fyn - 'n vriendelike uitnodiging

naderstaan, te luister, suutjies saamsing.-

Waaroor gaan jou liedjie so mooi,

dalk oor maatjies wyd en syd verstrooi?

Of as jy vlug oor velde alte bly,

vry en gelukkig jou kossies te kry?

Gee jy 'n melodie aan 'n somb're dag,

jou mooi gefluit orals strelend sag!

Klankies wat liefde en vrede uitsing

blydskap in 'n mensehart bring!

Eendag

Eendag is mos ons 'spreekwoord!'

Ek sal dan my self regruk

Dan sal ek vrugte pluk

Eendag sal ek vir ander vertel

Vandag té besig met aardse gekwel

Eendag sal ek tyd aan ander spandeer

Vandag só bedrywig met wat die lewe begeer

Eendag sal ek tog baie geniet

Dit wat goed is, wat die lewe my bied

Ek sal dan my bekeer van die verkeerde weg

Eendag, as alles perfek is, en die lewe is reg

Maar vergete is die nóú

Daar's 'n 'lewens-vreter' wat jou lelik afknou!

Gemeen, glad nie openlik

Engel van die lig, is hierdie 'skurk'

Wat jou verlei en jou hande styf vashou

Al verder op jou roekelose pad, jou visie verflou!

En 'eendag' wanneer jy tog die lig sal vind

as jy weer die eenvoudige meemaak, soos 'n kind

Maar 'eendag' breek dalk nooit nie aan

Wat gaan jy maak? Dit is dan vir altyd 'gedaan!'

Oorwinnaar-Mens

Die see strek ver en blou
so my bewondering vir jou!
Want jy het geswoeg, gefaal, weer opgestaan
vanuit die dieptes van die donker oseaan!

Jou kop gelig en 'n plan gemaak,
hard gewerk vir 'n nuwe saak!
Maklik was dit beslis nie gewees
veral in verwoede golwe, branders vol vrees!

Jy het deurgedruk en aangehou,
al was die seestorm nog donkerblou!

Ek haal my hoed af, bewonder jou,

oor jou vermoë om te veg, deur te druk tot nou!

My saluut sal in gebed vir jou uitgaan,

oorwinnaar-mens, dat jy steeds vás, op jou voete bly staan!

Klim Die Berg

Klim die berg daar waar jy staan

elke treetjie versigtig vorentoe, soos jy gaan

Hou die oog na bo gedraai

hoog na waar die voëls ronddraai

Klim voetjie vir voetjie, stadig

die hoogste bergpiek lê daar teen die bloue lig

 As jy vermoeid, sukkelend, teen klip en hang

voortbeur, en jy's baie bang

Skep moed, klim verder, hoog die berg-op

jou voete versigtig vorentoe, gee nie moed op

Want tussen die hoogtes in digte mis

wag verrassend, geheime en wonderlike rus

Die moeilike klim sal gou vergete wees

as jy deurdruk met durf en gees

Klim die berg vir jou gegee

aan die anderkant daarvan lê 'n kristalle see

As jy ná moeite en verdriet

agterkom die klim was tog nie verniet,

jou lewenspiek is nou bereik

bo-op die berg, waar álles anders lyk!

U Nabyheid

U nabyheid is so nodig

om my lewe te verlig

vir die onbekende dag wat wag

en moontlike duistere nag.

My menswees te omvou

in keuses, rondom donker blou

U getroue liefde in 'n groot saak

die vermoë en krag om reg te maak.

Emmanuel van my lewe

maak dít my enigste strewe

U nabyheid te begeer

my Koning, my Vader Heer!

Laat vertwyfeling wegwyk

in U nabyheid, glorieryk!

U Wil

Net soos dit U wil is Heer

lê ek my lewe voor U neer.

U wat my ongevormde mens

reeds in moederskoot, het begrens.

Net soos my hart vir die eerste maal kon klop

só was U drome vir my toekoms, volop!

Net soos U wil my Heer

U groot genade het my bekeer!

Terwyl ek wandel, hier onder die son

U Woord nou my enigste bron!

My wil ondergeskik aan U o God

so weet ek hierdie mens kom niks kort!

My alles aan U oorgegee

U's my Vader, ek wandel op U weë!

En as ek struikel op dié lewensweg

rig U genade my op en help my reg,

om dit te doen wat U hart begeer

op hierdie nou pad, nog 'n keer!

U wil is myne, maar U tyd is nie,

daarom berus en bly ek net by U!

Saad

Gesaai, geplant, deur ons Vader Heer

in 'n vrugbare akker onder Sy troue beheer

Met saad in die grond

en reënwater gesond

En die son van bo

oor gesaaides wat glo

Die ryp oes wat op die lande staan

maak die Saaier se hart só bly, Hy's aangedaan!

Die verwoester se saad is ook met mening gestrooi

indringend tussen mooi plante het onkruid ontdooi

Diep in die hart van die 'onontkiemde' kon hy kies

wil hy wen of verloor tot sy wins of ewige verlies!

Gaan hy stry en deurdruk om die sonlig te voel?

Of wegsteier teen die druk van bossies se gewoel?

Gaan hy vrug lewer soos die goeie Saaier vir hom bepaal

of kies om verstole weg te kwyn, in verpletterende kabaal!

*verstole (in die geheim)

Stoepsit

Dis 'n somersaand, ek sit nog eenmaal saam met Pa en Ma op ons
groot ou stoep...
waar ons menigmaal kuier en lag en na verruklike sterreprag
staar, totdat Klaas Vakie ons kom roep!

Vroegaand, soms op die geduldige veranda, trek ons krytstrepe vir
'hasie spring,' of die 'hop-scotch,' ding
en daar's groot pret wanneer ons met broekrek patroontjies
spring!

Natuurlik tot vervelens toe, - spintol en klimtol, die middelpunt
van groot plesier
ons skater as Pa probeer, hy draai die ding dubbel, dit land op ma
se troeteldier!

En daar op die groot grasperk reg voor ons stoep, hang en sit klein
oulike vuurvliegies rond- en-bont
vernuftig sit hul op ons hand, ons kyk wie het die meeste liggies
gevond!

Groot vertoon, dié wurmpie lyfie, skitterend mooi!
Nogmaals weg te vlieg, na verre tuistes, weerkaatsend, in liggies
getooi!

Daar op die ou stoep geniet ons grappe, verhale uit die skatkis van
vanmelewe se dae
toe Pa nog te perd vir Ma gaan kuier het, met grillerige stories oor
spoke wat pla!

Ma vertel van die seep wat sy geroer het, -die groot pot vol loog
en kerse wat brand in die kombuis neffens die ou Aga stoof!

Soms ook by Pa en Ma huil oor afknouery en omkrapdinge
praat van die skoolhoof, onnies, die skoolwerk en
liggaamsoefeninge!

Blink lekkergoedpapiertjies kunstig om boomtakkies gevou
die smaak van sjokolade duidelik soos my gedagtes omvou!

En die stoep-pilare met rankrose gekleur,
blommebakke met kappertjies, pronkertjies en lammetjie's oor,
-dis my hart wat nou treur!

En ek wonder wanneer was daardie laaste keer

toe ek nog eenmaal, in vreugde, saam met Pa en Ma op die stoep

van vergetelheid kon verkeer!

U Triomfeer

In U liefde en genade, lê daar skoonheid Heiland, Heer!

U dade so regverdig, U eiendom te beheer.

Oneindig groot! 'n Uitroep is U handewerk!

U Woord en Gees staan altyd, vir ewig sterk!

Uit niks het U die aarde en alles geformeer.

Daarom roep my siel in aanbidding tot U eer!

Dankie vir die Meestersplan, die Kruis,

waar U gesterf het, dit was 'n baie dure prys!

Al my sonde swaar, en sonder tal

het U weggewas met U bloed, sodat ek nie val.

Daar is soveel liefde en genade by U, o Heer!

Redding vir my as sondaar, keer op keer!

Naby U in my diepste, diepste leed

is daar ook vertroosting, want U weet!

'n Asem het U aan die mens gegee

om te lewe op U weg, elke tree.

My lofsang weerklink, o grote Heer

want U leef en sal altyd triomfeer!

Silika tot Kwarts

Hard en kleurloos lê jy daar,

geen oog in besonder wat na jòù staar.

Glad nie aantreklik, uitgesprei op die koue sand,

tog word jy afgerond deur stroompies aan die ander kant!

Seepglad lê jy later, tussen honderde kieselstene,

nie om vertonend te pronk soos baie ander gene!

Onopsigtelike, witte, kantige, grint...

hulle trap en loop oor jou, jy's nog nie gevind.

Self besef jy glad nie jou kosbare waarde,

as klippies saamknars onder skoene van vele gaarde!

Op die aardkors lê jy daar, kliphard, uitgestrooi as kwarts

in kleurskakerings, rond en bont, gekantel, en aards.

Sonder enige blink beloftes wat waar mag kom-

jy's maar net deel van al die ander klippies rondom!

Eendag kom daar tog 'n belowende hand...

Jy word rondgesif en kom mooi uit aan die ander kant!

Pragtige kwarts, waterhelder in kleur

neergesit langs ander skakerings in volle fleur!

Silika klein, onbelangrike sand-deel

nou 'n koninklike saffier pronkend, as juweel!

Geslyp as 'n siervoorwerp saam met jaspis mooi.

Begeerlik nou, besonders, in skakerings getooi!

Kieselstene - deur afslyting en skuring afgeronde, harde kei of
klippies.

Kom na die Waters

Dringend kom die uitnodiging, luister na die kreet:
Kom na die waters, sonder geld en kom eet!

Daar's geen prys op hierdie wyn en melk
vir die wat dors het, 'n ieder en 'n elk!

Geen betaalmiddel nodig vir hierdie brood
honger gestil sonder arbeid van enige soort!

Die 'goeie' versadig 'n honger maag
met vettigheid volop om die siel te behaag!

In ore wat luister lê die ewige lewe
bestendig is die genade om na te strewe!

erwyl Hy nog te vinde is - soek na Hom
terwyl Hy nog naby is - roep na Hom!

Verlaat die verkeerde, die weg van kwaad
suiwer donker gedagtes en volg Sy raad!

Vermenigvuldiglik kan Hy sonde vergeef
barmhartig is Sy hart vir soekendes wat streef!

Om verkeerdheid van hart en sonde te bely
en so ewige genade te verkry!

Want Sy gedagtes verskil van dié van die mens
en Sy weë is hoër as die sigbare oë van 'n lens!

Die Here is in die hemel vanwaar sneeu en reën
die aarde bevogtig, om aardse saad te seën!

Hoër as die mens se gedagtes wat altyd dwaal
skenk Hy goeie saad wat voedsel voortbring elke maal!

So ook is die Woord wat uit Sy mond uitgaan
om nooit leeg terug te keer nie - sou die mens net verstaan!

Daar's vreugde, gejubel, hande geklap in Sy Naam
op paaie gelei in vrede, vir ewig, 'n teken wat vasstaan!

Jesaja 55 - verwerking uit my hart!

Mossie

En daar sit jy, mossie klein, op die lange draad

jou kraalogies kyk óral, sien alles op straat!

Daar stap reuse-mense luilekker in die warm son

en soms 'n verlore wol-troeteldier, al om-en-om.

Jou vlerkies klap, klap van uitgelatenheid

want doer in die verte het jy jou maats hoor fluit.

En vlietend in die helder blou lug

tjirpend, uitgedos, en uitbundig, saam oor die brug!

Rats, vol energie, behendig, vorm die V-kurwe nou

'n patroon in die lugstroom, saamhorig, ontvou!

En julle styg hoër op en duik af tot laag

want onder op die gras lê daar krummeltjies wat wag!

Ja, die Hemelse Vader sorg altyd

vir kossies op die straat vir 'n mossie se aptyt!

Toe ek opkyk sit jy klein mossie, al weer en waak.

Maar die laatmiddag sonnetjie maak jou vaak

Jou vlerkies nou toe, en jou koppie gebuig

jy kan maar rustig wegsluimer, van seëninge getuig!

Rosetuin

Laat my langs rose in 'n tuin, op 'n mooi somersdag
ronddwaal en wandel waar die diepste geure wag!

Sodat weerkaatsend die kleureprag, my gemoed só verbleik,
kan ophelder om ander gebroke harte, ook te verryk!

Terwyl ek fotos neem en die skoonheid betrag,
stilstaan by 'n witte roos se betowerende mag!

Vroegoggend al, soekend na die diepste donker rooi
mooistes wat pronkend rondstaan, van vroeë dou ontdooi

So verkleur die sielsbekorende blommeprag-
'n verlepte roos ontwaak sáám op die somersdag!

In aanskoue die skakerings, van blou, pers tot swart
verstrengeld in 'n magdom gedagtes, van dodelike smart…

Die rosetuin is ook waar soete geure betower!

Waar mooi herinnerings, swaarmoedigheid, keer op keer

verower!

Rosetuin met jou bekorende kleureprag-

ek kom graag terug na jou op 'n heerlike somersdag!

Sonskyn na Stormweer

Buite-toe nou, lekker stap
vars asemteue lug, na lange gewag!
Stormwinde en tuisbly dae
winde, en weer met tysterende vlae!

Vanoggend, donkerblou, die diepe see-
die hemel versmelt daarby om sy blou te gee.
Nuut en vars elke asemteug
sonskyn omstraal en so verheug!

Weg is die swaar en dynserige lug
ingrypende verandering bring helder lig!
So sprankelend nou die vernuwe gemoed
altyd weer betowerend in 'n genade gloed!

Groot is die Vader se plan en vas!
Sy Hand beheer wind, weer, en sonskyn se pas!
So kom ook diepe denke na die stormweer
wat waardering meebring met sonskynkleur!

Ontmoet

In eerbied buig ek voor U neer -

voor U my Vader, Koning, Heer!

Ek begeer U aanraking;

U vrymaking!

Ek wil met U ontmoet

wanneer storms woed.

Ek wil luister waar U Stem my hoorbaar roep,

vol van liefde - 'n sagte oproep!

"Huil maar, treur maar, Ek is hier

- jou diepste nood, reg te bestuur!"

Voor U almag neer te buig

daar's geen beter hoop - selfs die natuur getuig!

U, die Enigste Een, hierdie sondaar, se ware hoop!

My sonde deur U bloed gekoop!

Ontmoet my, hoor my, Vader Heer,

waar ek stil voor U in ontsag verkeer!

My Vaderhart

O die Hart van ons Almagtige Vader Heer!

Groot en sag vir die mensdom, só teer!

Van voortyd tot na-tyd bly Hy die Een-

Vir ewig, 'Ek Is,' in sonskyn en reën!

Geen 'Witbroodjie' in Sy alwetende plan,

maar roepend na sondaars, siekes, armes, diésulkes gedaan!

Selfs die hardkoppiges, geleerdes, volmaaktes, wat Hom hartseer

laat staan-

'n plek vir almal om vry van wêreldse besmetting te gaan!

Nie om te veroordeel nie, maar Sý Woord praat!

'n Tweesnydende swaard wat vrywillige keuses laat.

Sonder dwang, Hy het so baie om aan te bied-

'n reddingsplan, aan elke mens, op aarde gebied!

Liefde onpeilbaar groot, wat nimmer feil,

nou gereinig deur Sy bloed, die skuldbedekte kleed, omgeruil!

O die Hart van ons Vader Heer,

aan Hom kom toe al die roem, die lof en die eer!

Oorsprong van Vreugde

My vreugde só borrelend

sonder kommersiële gewin

geensins verkrygbaar uit gesogte aardse rykdom of sin!

My vreugde kry sy asem

van die Here wanneer wolke hoog

hul watte-wit sweef uitpak, aan die hemel se boog!

My blydskap wil uitborrel

as velde juigend en jubelend in alle kleur.

Skoenlappers, bytjies rondvlieg, hul Vader tot eer!

Oorstelp is my vreugde ten aanskoue

van groot berge wat op onsigbare voetstukke dit waag

in stille vrede, jare se geduld, rustig rus, laag op laag!

Onkeerbare blydskap borrel uit

wanneer die sterrehemel flikkerend vir my koekeloer

skuins en skeef die halfmaan, sy mooi ligdans uitvoer!

Ek is bly en verheug oor spruitende vetplantjies

afwagtend op verkwikkende reën, telkemale

te midde van 'n dorre aarde onder felle sonstrale!

Ek is opgewonde en wil lofliede sing

as watermassa van waterval, rivier, dam en see,

voortbeweeg om skole waterdiere, oorlewings-water te gee!

My blydskap is komend van

kindertjies se glimlagte, bejaardes se wysheid

en as talle nasies hul Godgegewe tale praat, wyd en syd!

Ek verbly my in die Here wanneer

mikroskopies klein, 'n kopspeld-grootte diertjie leef

en kolossale renosters, olifante, seekoeie, die aarde laat beef

 My blydskap onkeerbaar in die ontwikkeling van 'n fetus

die groei daarvan tot gesond, volmaak, 'n babatjie klein!

En die geboorte van 'n kuikentjie uit 'n eierdop, fyn!

My blydskap kom van God,- grootste Kunstenaar ooit!

Almagtig is Sy skeppingswerk,

die kans om te lewe, deur Sy Heilige Gees versterk!

Fil. 4:4 "Verbly julle altyd in die Here; ek herhaal: Verbly julle!"

Genade, nog daar?

Vervloeking, verdrukking en haat -

is daar nie ander sake wat jou beter kan baat?

Misleiding, minagting en leuentaal -

is dit só besonders dat dit jou menswees omstraal?

Swets, skel, vernietig -

tog soveel meer om bestaansreg te regverdig!

Skinder, afdwaal, leeglê -

waarom nie eerder in die Ewige belê?

Vrees, verontagsaming en eie belang -

Die Hemelse beter rykdom om na te verlang?

Bemoeisiek, besmet met vuil gewin -

soek liewer die koninkryk van God met waarde en sin!

Kwellend, klaend en negatief -

terwyl die natuur rondom jubel, só positief!

Hoekom.... hunkerend, huiwerend weg van God,

in plaas van onderwerping en lees van Sy Gebod?

Die Israeliete het in hul murmurering en gekerm -

vergeet van God se Genade en hoe Hy Hom oor hulle ontferm!

Onbeskryflik, groots in prag, staan God se genade nog vas! -

waarom toelaat dat aardse, sondige bravade jou siel belas?

 Maak seker jy't Hom aangeneem!

-'n Hart smagtend om vergifnis, ontvang Genade-reën!

Wat berg jy in jou lewens-skure?

Snel vlieg die tyd, skielik ... ter elfder ure!

Genade nog oorvloedig, beskikbaar, vol omgee -

wat maak jy met jou laaste lewenstree?

'n Doel

Klein, afgebroke, stukkie broodjie,

vér… geval, na onder, kleine korreltjie!

Onbewustelik, raakgetrap,

stukkend, sonder lewenssap!

Vermorsel, glad nie sigbaar!

Enige betekenis daar?

Afgesplinter, gebroke, met 'n doel,

Voedsel - 'n mossie wat rondwoel!

Gedagte uit Luk 16: 21

Lasarus

Terwyl op weelderige tafels, kos, tot oorlopens toe vol, op borde

sit verarmd, dié man op straat, bekyk die rykman se vriende in hul

horde.

Dié fuiwer sit, vrolik, gekleed in purper, en gaan onbesorgd voort

terwyl dié arme man, alleen, sit-lê, op die harde grond in die

rykmanspoort.

Die lewe alte lekker en plesier sonder end
daar is nie eers één wat hul tot Lasarus wend!

Dit skeel min of die man swaarkry of nie, want skatte volop, is hul

verkwikking!
Honger, lê Lasarus, vol swere, en begeer slegs 'n krummel tot

versadiging!

Die rykman dink hierdie lewe hou net aan en aan
terwyl sonder woorde en afgemat, die bedelaar veel beter

verstaan!

Daar kom toe 'n tyd, die weelderige lewe, verby!
En Lasarus se sere, het selfs, die laaste lek van honde gekry.

Die arme Bedelaar sterf en word deur Engele weggedra,
dit is nou die Rykman, in die doderyk, wat vreeslik klae!

Hoe kan hy begryp, dat Lasarus rustig aan die boesem van Vader
Abraham rus,
terwyl hỳ verdrietig smeek om water, van angswekkende pyn
bewus?

Daar is lydende smarte in die bittere vlam,
kan Lasarus nie die punt van sy vinger in water doop, vir sy tong,
so verlam?

Maar Abraham het 'n antwoord skerper as 'n tweesnydende
swaard -
elkeen kry volgens lewens-verdienste, al is dit hoe hard!

En die kloof tussenin is diep en breed,
geen terugkeer na die lewe, al klink dit ook hoe wreed!

Tyd en kanse was vir beide die Rykman en Lasarus daar

met Moses en Profete se prediking, wat alles verklaar!

Maar die keuse om lekker te leef sonder God se Woord,

bring regverdiglik nou vergoeding, 'n bepaalde akkoord!

Die Rykman wil graag sy familie vermaan,

iemand uit die dood om hulle te laat verstaan!

Finaal die woorde van Vader Abraham, dit gaan:

As die predikers hulle nie dáár kon oortuig,

sal niemand uit die dood hul óóit die weg laat verstaan!

Matthéüs 26 verwerking wat my diep getref het!

Hoeveel maal?

Hoeveel maal op die lewenspad

is daar 'n Judas Iskáriot, met planne van verraad?

Net soos die ander het hy geleer van die Heilige Gees

en was hy ook een van Jesus se dissipels gewees!

Saam het hulle op die pad gewandel

met vrywillige keuses om te bly in God se wil.

Die Iskáriot se hart, verhard, nie in lyn met die Blye Woord van

Jesus,

verraad het gegroei, toegeneem met giftige, trots en lis!

Alwetend, het Jesus, Judas se duistere saak bemerk

'n hand saam in die skottel, dit is beslis nie God se werk!

"Is dit miskien ek, Rabbi?" Judas laat skuldig, skeinheilig, van hom

hoor

Kenner van harte, Jesus, antwoord: "Jy het dit gesê." Jou keuse

deurboor!

Hoeveel maal het Judas sy kans gehad

net soos elke ander dissipel en maat?

"...wee daardie man deur wie die Seun van die mens verraai
word!"
maar, sý eie kop, glad nie in Jesus se plan, het só sy eie lewe
verkort!

Vir oulaas saamloop, brood word gebreek, vrug van die wysnstok
geskink-
"Neem, eet, dit is My liggaam." So het Jesus se woorde geklink!
My bloed gestort vir baie tot vergifnis, die bloed van die nuwe
testament!
Dit moet julle glo, en julle harte tot My wend...

Maar Judas, voortvarend, het na die owerpriesters gegaan,
dertig sikkels silwer ontvang in sy grootheidswaan!
'n Goeie geleentheid om Jesus oor te lewer,
só vasberade, kon in homself nie beter!

En die verraaiers teken was 'n soen -
Daardie één, dié Rabbi, moet gegryp word, so het Judas gedoen!
Maar die dag het breek aan, die oorlewering hard,
Judas se berou en fout maak hom baie verward!

Onskuldige bloed verraai, hy staan nou bitterlik alleen,

die owerpriesters, onverbiddelik, wou glad nie die geld

terugneem!

"Jy kan toesien!" hulle antwoord aan die verstarde Judas -

sonder tegemoetkoming, geen antwoord, slegs die sware las!

Verlonersbedrag haastig neergegooi, maar dit was te laat!

Vervloek die bloedgeld, nie eers goed om die skatkis te baat.

Die pottebakker verkoop die bloedgrond, 'n begraafplaas vir

vreemdes!

Dit vervul die profesie van Jeremia, prys van die gewaardeerdes.

Eens saam gewandel in genade en teenwoordigheid van God.

Elkeen het 'n kruispad, maar Judas se keuse 'n endpad!

Die verraaier, sterf 'n eensame, bittere dood,

keuse gemaak, dit is nie God wat ooit verstoot!

Oorlogskreet

O Israel, gekose, spesiale, volk van God!

O Israel, jy't weggedraai, losgeraak van Sy gebod!

Nog steeds die wetsgeleerdes wat Sy Seun ontken,

dié wat Sy waarskuwende Woord in aardse ontrou, misken!

O Israel, hoeveel maal nóg moet God hard praat

en onskuldige bloed vloei, met jou siel so verhard?

O Israel, volk van Abraham, Isak en Jakob,

hoelank het jy, reeds jare terug, in die woestyn getob?

Terwyl God vir jou alles wou gee!

Jou met wolk- en vuurkolom gelei het, tree vir tree...

Kurkdroog, deur dieptes van die diepe see!

Vanuit die afgodiese Farao's land, op nuwe weë...!

Waarom vandag net 'n handjievol wat glo,

wat vasstaan in geloof, op die Vader daarbo?

Hoeveel keer nóg moet jou kinders, jou geliefdes,

weggevoer, verniel, 'n somb're doodskis?

Skote wat klap, geboue wat val...

steeds jou eie gang, sonder besin, 'n rumoerige kabaal!

Roep uit, o volk van die regverdige God, Sy oordele is ophand!

Besluit gou, keer terug na Hom, kies tog die regte kant!

Daar's tog ook onder die Palistyne, onskuldige mense wat ly,

vrouens en kinders in gevangenisse, volop te kry!

Jou skuld o Israel, is groot, moet jou nie 'vlekkeloos' verbeel!

Bid eerder vir jou vyand, soos die Vader self aanbeveel!

Slegs gebed, bittere berou, oorlogskrete weg te laat kwyn

guns, vrede, glansend in jou binnekamers, te laat skyn!

Ons gebede, o Israel, gaan uit na jou,

maar raak stil en beklee jou in God se sieraad, o, haas jou gou!

O volk van God, Hy háát jou eiesinnige toestand, so lou!

Daar's ook redding vir die heidene en massas gehaat.

 God het genade, sodat onskuldiges ook baat!

Israel wees ook bewus van húl opregte geroep en berou!

Asem binne my

In nederige dankbaarheid haal ek diep asem.

Ek absorbeer, in my longe, die buitelug wasem!

Elke dag, die ritmiese geklop van my hart,

'n Geskenk direk uit die Vader se hart!

Met eerste teug, as baba gebore

-nooit kon ek weet waarvoor beskore...

In die opgroei en lewe, ryk en vol,

slaap, of heeldag dagtake uitrol.

Sy Heilige Gees, wat leef in my,

kompleet en geseënd, in 'n lewe, so vry!

Die asem wat Hy my grátis gee-

wil ek reg bestee met elke lewenstree!

Ja, terwyl die asem steeds binne my-

wil ek Hom prys, van Hóm bewus bly!

Sy skepping, krag, genade, nie vanselfsprekend aanvaar.

Oplettend, dankbaar en geboë voor Sy Almag, klaar!

Want wanneer ek só in geloof verkeer,

sal my asem eendag weer terug na Hóm toe keer!

Die Gevleueldes Vertel

O die voëls van die hemel en aarde, wonderlike

geveerdes!

Lewende, slim, skepsele, die gevleueldes!

Noag, die kraai en die duif,

uitgevlieg, bespeur waters nog hoog, daarom

teruggedryf.

Bepaald was die tyd en die duif het 'n vonds!

Groen takkie, goeie nuus, vir die arkmense wat gons!

Daar sit Elia, die profeet van die Heer,

alleen, en kan glad nie die honger meer keer!

Maar die Heer stuur 'n kraai-

onrein, die wese, met vleis om te braai!

God laat Hom nie beperk, gebruik enige een-

ongeag velkleur, taal, selfs voorwerpe, versteen.

Onder die vlerke van 'n hoenderhen

rus veilige kuikens, in die Vader se lewens-den!

En die wat op die Here wag, nuwe krag sal hul omstraal!

Opvaar soos arende, nie mat of moeg, met energie wat

nooit faal!

Sonder sorge, in die hoogte, volstruis vlerke se klap!

Eiers op die grond, kommerloos, oor wilde diere wat

vertrap.

So kan die mens in gevaar, ook berus in God se

ontferming-

sonder kwellende laste, omvou deur Sy veilige

beskerming!

Goedkoop die klein mossies, tog teen val beskerm en

gekeer!

Hoeveel te meer die mens wat meer werd is, vir die

Heer?

Wanneer teneergedruk en twyfel volop-

soos 'n swaweltjie of kraanvoël al piepend, dof sonder

lof,

lig Hy die mens tot hoog daarbo!

Daar waar die nes veilig is vir die wat glo!

Reservoir

Reservoir, as jy maar kon praat!

Vir jare staan jy geduldig en dra,

water vir die hele stad se mense wat kla!

Reservoir, jou buitekant lyk al vaál, gebars!

Binne jou opgegaar, is soete water wat lewe skenk.

Dorstiges maak kruike vol vanuit jou tenk!

Reservoir, jare lank het die windpomp jou gevoed -

dompelpompe en pype vanaf die boorgat vir water soet!

Lewegewend, skoon, elke druppel baie goed!

Reservoir, jy staan jare lank, geduldig daar en rus.

Met moderne tegniek, vinniger vloei, sonpanele en turbines…

Reservoir, hulle behoort jou ook bietjie te verf en te vernis!

Stof

Stoffie, klein, verpulwer, bruin

jou materie in alle dinge, groot en klein!

Die aardbodem is bedek daarmee

en woeste winde, laat jou soms die lug oorklee!

Jy skarrel en waai tot ergernis aan

terwyl huisvrouens met stoflappies erg bontstaan!

Die hele vensterbank in 'n laag bedek

dit maak net vrééslik baie werk!

Die eerste mens ook gemaak uit stof

bonatuurlik deur God self, met lof!

En terugkeer sal álmal, tot stof, eendag

na die aarde wat met gretige oop arms wag!

Verpulwer - verpoeier

Vraagteken ?

Rond en geboep staan jy daar

na elke opkomende vraag dwarsdeur die jaar.

Soms eenvoudig die antwoord daarvoor

party laat mens kopkrap, is baie goor!

En die vrae word al meer hoe ouer jy raak-

'n antwoord soms skraps in 'n netelige saak!

Boeppens-tekens maak mens moeg

as die lewe onverwags vrae vra om daarmee te wroeg.

Slapelose nagte menigmaal verkry

met die boeppens-teken monster wat agtervolg en bly!

Belewenis

So daag die kinders my uit en ek klim bewerig op, -hoog na bo!

Saam óp met die waternat trappe na die plat skuimrubbermatjie,

kan jy glo?

My asem jaag, ek voel benoud, want ek staan bo in die lug seker

vyf meter hoog-

En ek kyk voor my en sien gladde skuim, water wat plons, ek voel

glad nie droog!

Plat op my maag, klouend aan die sponsrubber onder my lyf

geen omdraai nou, die ry staan gepak en ek moet dryf!

Opgewonde kinders lag, skree en wys!

na die 'bang' tannie wat nou-nou baie ver en vinnig af gaan gly...

Op die oomblik bevrees en benoud en glad nie te bly!

Dit help nou nie meer te skroom,

en plotseling, vang my matjie die hewige stroom!

Ek trek, ... en o jitte, klouend daaraan, soos konfyt aan 'n broodjie-

glád nie te lekker, stroom-af te gly op hierdie vinnige bootjie!

Toe ek eensklaps land, en poedel na die kant-

kom hulle weer, gryp my aan die hand!

Nou vinniger na bo, met die trappies, by die Wildekus se 'super

tube'

En voor ek weer spoed vang, is dit die kinders wat polsend hard

uitroep!

Met weinig moed, 'n tweede maal, half verbouereerd, daar

gelaat!-

Die vinnige mat trek weg asof ons die aarde gaan verlaat!

Hierdie keer geniet ek dit en lag en gil net soos 'n kind!

Die waterplesier het my genotvolle vreugde laat vind!

Messe-laai

Daar lê messe, vurke, desertlepels, teelepels, koekvurkies,

koek-skoppies, snymesse, klitsers, blikoopmakers, bottermesse en

groenteskillers in die laai.

Bruikbares, onbruikbares, almal om op húl gebied koning te mag

kraai!

Party maak blikkies oop, ander lig snuiterye uit, ook dié wat af kan

stroop,

soveel take tot kombuisaktiwiteite genoop!

So lyk die Mense-Messe-Laai met sorg uitgepak deur 'n Sterke

Hand!

Daar is verskillendes: die werkendes, bruikbares, onmisbares,

afgestomptes, die luies, dié sonder rigting of verstand.

Die skerpes kan blitsig sny, gee nie om vir skade of pyn!

En klitsers ook daar, om gemoedere hoog te stook, in sterke

refrein!

Sonder tal ook dié wat swaar dra aan vragte opgelaai!

Waar kommer hul krom druk, sonder 'n haan wat daarna kraai!

Dié sulkes ook wat verseëlde inhoud oopmaak, sodat lig daarop

val.

Nederig en klein die staatmaker, om gebrokenes te gaan haal.

En daar's ook dié wat suutjies, veerkragtig help om pyn te verlig.

Selfs die stropers, roekeloses, dapperes, in hul daaglikse

lewensplig!

Elkeen tóg geskape deur die Vader se Hand

Soms kort aan bietjie liefde, geduld, vir 'n sterker lewens-band!

'n Besondere lewensdoel, 'n bruikbare instrument!

Nie gemaak vir twis, haat en oordeel, maar bereidwillig,

konsekwent.

Blare

Blare! Was Adam en Eva se bedekkings-kleed.

Blare! Vir diere en mense om van te eet.

Blare! 'n Spreekwoord soos 'deur die blare.'

Blare! As medisyne op selfs bene met are.

Blare! Aan bome, blomme, vetplante.

Blare! Hang, waai, val af, verrot, aan menige kante.

Blare! Groot en klein, met kantige vormings.

Blare! Lewendig of dood in mooi rangskikkings.

Blare! Rond, ovaal, hartjie-vormig, soveel in sig.

Blare! Klein, groot, massief in plantlewe se lig.

Blare! Verskaf koelte, gee kleur, gee geur.

Blare! Gebruik vir tee, sowel as kompos, al hoe meer.

Blare! Gesogte middel wat kleurstof kan meebring.

Blare! Soms heerlike, soete konfyt en drank verrassing.

Blare! Interessante natuur-gegewe noodsaaklikheid.

Blare! Selfs as skuiling vir mens en dier, wêreldwyd.

Blare! As kunsvorm deur al die eeue heen.

Blare! Geskape deur God, wat 'n verrykende seën!

Die Weg Wat Lei

So stap jy gemaklik, op die verleidelike, genotvolle breë pad!

Plesier-soekend, onverskillig, roekeloos, op dié rooi mat!

Jy voel die wêreld is oop voor jou deur, wie wil nóú ernstige lesse leer?

Maar, versnellend die tyd, steeds fuifend tot laatnag, sónder respek of eer!

Glasies rooi en vol! Gevaarlike tonge wat rol in grootheid en faam!

Daaglikse vermaak, sonder nadenke waar eerbaarheid staan!

 Maar daar's 'n Stem wat saggies praat met dié roekelose hart,

verwysend na die doellose lewe só oneindig verhard!

Amper te laat, tot besinning gebring,

die breë weg verlaat, 'n nuwe lied te sing!

En saam met die Meester, op 'n ander paadjie,

verlorenes te raak met die plant van 'n saadjie!

Hy lei jou op die nóú paadjie met kronkelgang.

Ingrypend Sy krag, teenwoordigheid, om na te verlang!

Die paadjie raak nouer waar jy heengaan,

soms oor klippe en rotse, dis 'n noue, nuwe baan!

Plek-plek gevaarlik steil, maar jy kan maar asemhaal.

Die Vader se genade is altyd dáár om jou te omstraal!

Uitgekurf aan die afgrond kant,

lei Hy jou steeds versigtig op die dun lysie-kant.

Vorentoe, beurend, dit is Hý wat jou vashou teen daardie rant!

Soms is die pad, met opdraandes, uitputtend swaar,

tog ondersteun Hy jou, dit is waar!

Partykeer vas te gryp aan 'n halmpie of twee-

in díé hoop op God lê daar nuwe krag, elke tree!

Jy stap en beur gewis nie alleen,

Dit is die Vader wat jou altyd ondersteun!

Hy gaan vooruit, oor bulte jou te dra-

opeens, sien jy 'n hoë berg, begin moedeloos te kla...

Dié pad, Heer, is gans té smal,

reg voor 'n afgrond, 'n baie steil walen dis glibberig aan alle kant!

Met arms teer om jou gevou, help Hy jou saggies oor na die

Hemelland!

Daar waar onbeskryflike lieflikhede wag,

waar vrede blydskap en rus ongekend wag, elke dag!

Liefdes-kleure, silwer en goud, vas soos berge, ewig getrou!

Lewenswater helder, glansend soos pêrels, saffiere in hemelse

blou!

Onbeskryflike Lig, ewig, helder-skynend, wag op jou!

Nuwe Land, waar wilde diere en kindertjies saamspeel, vrolik in

trou!

Ek gee jou my Woord

My woord is my eer

so het my ouers my geleer!

Vandag is ek bly

dit staan steeds by my.

Beloftes suiwer gehou

dit kan help om vertroue te bou!

En in die mooi Boek geskryf -

lewendige Woorde wat my aandryf!

Die Vader praat duidelik

waarhede ter bevryding, lieflik!

Luister na My Woord -

dit is 'n hemelse akkoord!

Die Woord sal nooit struikel of val,

al is daar kommer, of wat ook al!

Sy Woord sal Hy altyd gestand hou -

daarin lê nooit enige bittere berou!

Hy is die God wat wonders doen

Sy ewige Woord dra inhoud, 'n heilige soen!

Jesaja 32:9 diep getref! Verwerk in eie woorde.

Die Kleine Man

Saggéüs

Jesus kom in Jerigo, daar deur te gaan.

'n Skare volg, hul's aangedaan!

Hy die Een, met wonderwerkende krag-

vir almal wat gelowig op Hom wag!

Hy verstaan hul diepste kwellings en angs.

Daar's 'n klein mannetjie Saggéüs, wat hardloop, daarlangs

Hy's hoof van die tollenaars in die ryk man se huis,

slim, en maak geld vir dié man tuis.

Hy't gehoor van dié Jesus en wil Hom sien,
om te weet wie Hy is, dat almal hom sò dien!
Daar gewaar hy toe die wildevyeboom-
nou mag hy nie vir een oomblik skroom.

Die skare groot, kom nou baie snel,
Saggéüs se klim raak ernstig, fel.
Sittend bekyk hy die woeste gedrang, -hy ril...
want meteens staan Jesus en die skare tjoepstil!

Woorde baie duidelik, gerig aan hom!
Hy kan sy ore nie glo, geskok oor gebeure rondom!
Dit is die Stem van Jesus wat praat, hy luister en raak baie bly
"Saggéüs, maak gou en klim af, Ek moet vandag in jou huis
oorbly!"

Die skare klá oor dié sondige man,
Hoe kan die Meester in sy huis tuisgaan?
Saggéüs verduidelik dankbaar sy saak-
vierdubbel sal hy terugbetaal aan diesulkes geraak
en helfte van sy goed kan na die armes, gaan!

En Jesus skenk redding aan die tollenaar se huis

Hy ook, (eens verlore), nou seun van Abraham, gesoek, gered en

tuis!

83

* *Lukas 19: 10 na aanleiding van.*

Praat met die Heer

Ons praat oor alles wat pla in vriende kringe.

Ondersoek en volg na, skinder oor állerhande dinge,

meestal geen antwoord, ons ploeter net voort!

Altyd ywerig, volg voorbeelde na, soms vreemde akkoord.

So maklik verwyt, skel nie graag kwyt!

Die trant baie vrolik, maar agterna kom die olik en spyt.

Deel wees, daar's tog niks wat verhinder, waarom talm?

Grypend, na hierdie halm, 'in tel wees' maak ons mos kalm!

Skuldig, vreemd, daardie aaklikge gevoel, wat in die siel rondwoel!

Die sagte Stemmetjie praat, maar ons luister so graag na

verkeerde raad!

Min maak ons tyd, vir heerlike, hemelse rustigheid-

Om tyd te spandeer in God se teenwoordigheid.

Te praat met die Heer, in Sy Wil te verkeer!

Om Hom te vertel van al ons laste en seer.

Min wetend Hy staan met ope arms en wag,

vir ons toenadering tot Sy teenwoordige krag!

Wanneer ons gesels met ons liefdevolle Heer,

sal Hy, ons Meester, ons die regte Weg leer!

Bietjie praat met Jesus, oor al ons behoeftes,

Hy sal innig en jammer ons kommer uitwis!

Hy sal beheer neem oor alles wat ons kwel,

Glad nie oorvertel of ons in die skande stel!

Veilig by Hom, tot Hy eendag weer kom!

Ons kom haal met Sy leërskare Engele rondom.

Sy Woord kan ons van hoop en liefde leer,

as ons in diepe afwagting tot Hom keer!

Huil maar voor die Heer

Heer vandag huil ek voor U

oor lewensverliese wat ek nie verstaan nie!

Lyding en hartseer, my gedagtes is krom

daar is bitter baie pyn, vrese reg rondom!

Daar is geroofdes, gemoordes, plat geslanes

ander in tehuise, gestigte en tronke, die heel verslanes!

Soveel bedlêend, bedelend, platgeslaan, in die modder

En kindertjies en bejaardes sonder enige versorger!

Heer my hart is so seer, ek huil voor U

vir diesulkes sonder kos of kleed, in die wêreld só kru!

Oorlogskrete skrei ten hemel, daar's bomme wat neerreën!

Weggevoerde onskuldiges na vreemde lande, sonder simpatie of

seën!

Ek soek berusting Vader, Heer

'n troosgedagte oor ander se seer!

Verslaaf, dronk, verdoemende gedagtes van selfmoord

so is menigte, vasgevang, sonder helder oë, wat aan Ù behoort!

Heer my hart roep uit in pyn vir diesulkes se seer.

Sou hul, betyds antwoorde, uit die Bybel kan leer?

Wanneer onverstaanbaar voor 'n lewens-deur

in uitroepe van smart, tot U genade troon keer!

Gebroke die Brood

Vanuit die hemel sal dit neerdaal-

dít is 'n ware verhaal!

Die brood van God is Hy,

so het Jesus sy krag verkry!

Lewe sal dit vir die wêreld beteken.

Vir die wat glo en op Hom reken!

Hy, Jesus, die Brood van die ewige lewe,

net Hy het die Vader aanskou, dis so geskrewe.

Om die mens se honger en dors te stil-

dié Brood, volgens God se plan en wil!

En Jesus het geweet om die brood te breek-

Sy eie liggaam, verbryseld en deursteek!

'n Avondmaal, die mens ten bate-

Hy die veragte, deur die mensdom verlate!

Smarte en veragting, o, so groot,

gebreekte Brood vir ons skuld en nood!

Ter wille van ons oortredinge deurboor.

Gepynig en geslag, tot redding beskoor!

Want ons ongeregtigheid en wonde was op Hom.

Verbryseld sodat vrede en genesing kon kom!

Om dwalende skape van 'eie paaie' terug te laat keer-

na Hom, die Lam, onderworpe en stom, bó pyn en seer!

Die Brood gebreek om ons sonde te dra!

Sy siel uitgestort in die dood, sonder om te kla!

Moses op die Berg Sinaï

Drie maande na die uittog uit Egipte,

is daar aanhoudende murmurering in die volk se geledere!

In Sinaï staan hul laer reg teenoor die berg-

daar waar hul later vir God sou terg!

En Moses klim op want hy hoor die Groot Stem!

God gee 'n Boodskap om die volk te tem!

Ter wille van hulle is die Egiptenaars oorwin,

gedra op arendsvlerke tot hier gebring!

Maar hulle moet luister en Sy verbond hou!

Die hele aarde is Syne, Hy sal hul dan styf vashou!

Die oudstes word opgeroep - God soek 'n Heilige volk,

dit is hier waar Moses leer onder die heilige dik wolk!

Die volk se besluit eenparig meegedeel aan God,

almal saamgestem oor die besonderse lot.

Reinig die volk, lei hul berg toe op, dag drie

voor hul oë sal God afdaal op die berg Sinaï.

'n Grenslyn gestel waar geen een aan mag raak,

nie eens 'n voet teen die Heilige Berg, 'n ernstige saak!

Dis die derde dag, daar's donderslae, blitse en 'n swaar wolk!

'n Sterk basuin laat almal bewe, daar's rook wat op die berg kolk.

Die Here het in 'n vuur op die top neergedaal

aan die voet van Sinai, het almal rondgedwaal!

Die berg bewe vreeslik, God se stem hard in die oor!

Na die top van die berg, Moses! Om God se Woorde te hoor!

Die volk bevrees, is bang om te sterf-

Moses moet tog net gou spreek, vrees vir die ewige verderf!

En Moses dra oor: 'moenie sondig en vrees,'

God sal beproef, sodat eerbied voor oë mag wees!

Moses nader tot die 'wolke donkerheid,' bo by God,

die volk moet sien Hy praat van daar bo af, oor God se gebod!

Twee tafels van die Getuienis is aan Moses gegee.

Tafels van klip beskryf met die vinger van God, vir elke

lewenstree!

Veertig dae en veertig nagte op die berg,

twyfel heers daar onder, 'n goue kalf word gebou, om God te

terg!

Selfs Aäron het 'n altaar vir die kalf, gebring!

Hulle dans en sing, bring eer aan die dooie ding!

Moses smeek genade van God vir die volk, in besonder,-

hy's deur God meegedeel van die kwaadwilligheid, daaronder!

Ontvlammend die toorn van Moses oor bandeloosheid, want hy't

die kalf gewaar!

Hy verbrysel die kliptafels en bid vir versoening, dit is sò swaar!

Nuwe gekapte tafels, Moses klim na bo,

genade groot! God praat met hom as vriend, omdat hý vas glo!

Gevlerktes

Voëls van allerhande vere
geskape deur die Allerhoogste Here.
Gekleed in kleurvolle skakerings,
soos die mens met al sy nerings!

Rein en onrein, God bepaal waarvan te eet-
die mens maar eiesinnig, word gevang in grote leed!
Menige voëls in valstrikke, hul lewens beroof,
of ingeperk in hokke vol bekommernis en sonder geloof!

Maar God ken die voëls van die berge, wat roer op die veld,
so ook Sy kinders, Sy eiendom, van sonde kwyt geskeld!
Die voëls van die Hemel loof, prys hul Maker, soms in 'n koor-
tussen takke deur kom vreugdevolle liefdes-liede oor!

Daarbó die gevlerktes by wie die mens tóg kan leer-
om ook in blydskap 'n loflied te bring aan die Vader, Heer!
Met die bloed van jong tortelduiwe was daar ontsondiging-
deur priesters reingemaak in die wettiese bedeling.

Maar die bloed van Jesus, het die hoogste prys betaal-
om te reinig van sonde en ongeregtigheid, se faal!
Daar's saad wat gesaai word, voëls pik dit graag weg-
só die wat verlei, vergeet, en wandel op 'n pad baie sleg!

En soms in die mens se grootheidswaan-
onthou hy nie die liefde van God wat vir altyd bestaan!
Vergeet hy dat, soos die mamma Swaan haar kinders dra,
God geen onmoontlike van die mens sal vra.

Geklief was die see, wolke in die dag, lig van vuur in die donkere
nag,-
so het Hy oor die volk gewaak, hul gelei na Kanaän wat wag
Manna, vleis, voëls om te eet, op hul laat reën
Sodat versadig, die volk in vreugde kon wandel, met die Heer se
seën!

En sodra kommer toeneem, die berge begin skud,
Het hul heeltemal van God vergeet en glad nie gebid!
Soos die voëls van die hemel wegvlieg, hul loflied op 'n ander plek
te sing,-
so draai die Vader sy aangesig weg, van die mens sonder
bekering!

Die voorman se bakkers-droom, word verklaar deur Josef, wat

glo-

voëls pik uit 'n mandjie op sy kop, Farao se doodsvonnis, aan 'n

paal daarbo!

God is regverdig, Sy oordeel is reg,

maar Sy kinders moet wandel op Sy Goddelike weg!

Weinig minder as 'n goddelike wese,

Die mens het rede om God te eer sonder vrese!

Soos die voëls van die hemel Sy Naam verheerlik

Lofsange saam met die gevlerktes, vanuit 'n rein hart, baie eerlik!

Sonneblom Wese

Onweerswolke, vandag diep weggebêre agter die bloue sfeer
sodat strale die Sonneblom se aangesig weer ryklik kan kleur!
Dansende en singende in die helder sonskyn-
gesig gekeer na daar waar strale, jubbelend verskyn!

O dis heerlik om te dans, te wieg, swierig die dag in te gly,
met volgehoue moed die skone genot van die lewe te kry!
Trietsige onweers-dae nou weg, diep teue vol moed,
handeklappend, lof te besing!
In jou sonnige gewaad, ere aan die Skepper te bring!

O Sonneblom Wese, geel, swart, goud, mooiste kleur,

ferm en spontaan staan jy daar in jou fleur!

Meestal sterk en stralend, in jou besondere plek-

sonsgenot deurbrekend met vreugde op jou aangesigs-trek!

Blommend in die skepping van die Opperwese,

uitbundig, juigend, Sonneblom,... harts-keuse!

Toe Deure

Maak die deure rondom jou toe

in struikel-val op die lewenspad, vorentoe?

Met 'n wêreld rondom, koud, sonder saak,

is dit nie tyd om jou hart oop te maak?

Hy is tog dié Een wat waak-

Hy verstaan jou leed en diepere saak!

Sak op jou knieë voor Hom neer,

in diepe erkentenis oor skuld en seer.

Vertel Hom wat jou hart, diep, verniel,

kommer oor alles in jou mense-siel.

Hy, is God, Hy weet wat jy bedoel!

Kinderlik in geloof aan Sy voete, is daar lafenis koel.

Hy maak beter deure oop-

sodat jy in vrede daarop mag loop!

Dit wat Hy vir jou bepaal-

nie wat jy in gedagte het of uit jouself behaal!

Maar Hy sal Sy liefde laat ontvou-

wanneer jy uitroep na Hom in winterkou!

Dag tot Dag

In die opstaan en in die gaan lê

miskien agt ure uitmekaar, dis te sê-

hoe vroeg die opstaan, hoe laat die 'nag-sê?'

Maar tussen-in, ín daardie dag

geprogrammeerd met vele take wat opgewonde wag-

kuier soms 'n wyle tyd

en net 'n kleine bietjie jolyt!

Soveel take om te vervul

in haas kom jy agter die tyd het verkul!

Darem kom die nag, 'n soete droom

'n snork of twee vir die wat saam woon!

Of miskien 'n nagmerrie oor more se taak,

uitdagings kan soms oorweldigend raak!

Noktambulisme

In 'n misterieuse slaap word dit gedoen-

die psige ontstig en glad nie versoen!

Wawyd oop oë, in die wandelgang,

te veel wyn of selfs medisyne gans te wrang!

Of iets in die gene, of met min slaap gegaan

dan halfwakker, tog slapend, op te staan!

Sonder besef soos 'n misleidende skaap,

sluimerend, dwalend in die middernagtelike waak!

Bewustheid verdwyn gevaarlik in die nagtelike uur

vir hierdie onbewuste se kuur!

Loop, slaap, selfs eet, 'n motoriese gang,

wakker-word dalk verwarrend, maak ander bang!

Neem die wese eerder sagkuns bed toe terug,

om verder voort te slaap, - ewe rustig!

*Noktambulisme - Rondlopery in die slaap